W0059800

S. FISCHER

Sharon Dodua Otoo

Herr Gröttrup setzt sich hin

Drei Texte

Mit Zeichnungen der Autorin

S. FISCHER

Erschienen bei S. Fischer
© 2022 S. Fischer Verlag GmbH,
Hedderichstr. 114, D-60596 Frankfurt am Main

Der Text »Herr Gröttrup setzt sich hin« wurde zuerst im Juni 2016
während der Tage der deutschsprachigen Literatur in Klagenfurt
gelesen und auf der Website https://bachmannpreis.orf.at/
veröffentlicht.

Die Autorin hielt im Juni 2020 die Klagenfurter Rede zur Literatur
»Dürfen Schwarze Blumen Malen?«. Der Abdruck der Rede in
diesem Band erfolgt mit freundlicher Genehmigung der Edition
Meerauge im Verlag Johannes Heyn, Klagenfurt.
© Verlag Johannes Heyn, Klagenfurt/Celovec 2020

Der Abdruck der in *Härtere Tage* zitierten Verse aus Ingeborg
Bachmanns Gedicht «Die gestundete Zeit» erfolgt mit freundlicher
Genehmigung des © Piper Verlags, München 1957

Zeichnungen: © Sharon Dodua Otoo
Satz: Dörlemann Satz, Lemförde
Druck und Bindung: GGP Media GmbH, Pößneck
Printed in Germany
ISBN 978-3-10-397185-9

Für meine Eltern

… täglich

Herr Gröttrup setzt sich hin

Bitte sorgen Sie dafür, dass Sie bequem auf Ihrem
Platz sitzen. Es sollte Ihnen weder zu heiß noch zu
kalt sein. Kratzen Sie sich ruhig am linken Ellenbogen,
wenn Ihnen danach ist. Wenn Sie husten oder niesen
müssen, wäre jetzt die angemessene Zeit dafür.
Die Geschichte sollten Sie ausgedruckt in Ihrer rechten
Hand halten. Heben Sie langsam Ihre linke Hand,
und halten Sie schließlich damit Ihr linkes Auge zu.
Nun können Sie anfangen zu lesen.

Er wusste es genau, deswegen war jegliche weitere Diskussion vollkommen unnötig: Er hatte ganz einfach recht. Die Lippen fest zusammengepresst, blieb er neben dem Herd stehen, schaute mit leicht hochgezogenen Augenbrauen weiter selbstgefällig auf die Armbanduhr und beschloss, keinen Unsinn mehr zu dulden.

Also seufzte Frau Gröttrup.

Gleichzeitig nahm sie ein Ei aus dem Topf, dann das zweite und schreckte beide mit ein paar gekonnten Handgriffen ab. Die Stille in der Küche war inzwischen messerscharf. Abgesehen von dem Blubbern des kochenden Wassers war nur noch das Atmen zweier Menschen zu hören. Person Nummer zwei, Frau Gröttrup, stöhnte mehrmals – aber ganz leise und fast unauffällig. Person Nummer eins war Herr Gröttrup. Er nickte, während er durch die Nase atmete: tief ein, tief aus.

Helmut Gröttrup, achtundsiebzig Jahre alt, einundneunzig Kilogramm, ein Meter dreiundachtzig, war deutscher Ingenieur (Raketenspezialist, seit neun Jahren pensioniert), Erfinder und Schachgenie. Die wochenendlichen Radtouren musste er bedauerlicherweise vor zwei Jahren sein lassen, weil er es mit dem Knie hatte. Inzwischen genoss er seinen neuen Status als regelmäßiger Sonntagsfahrer. Gleich nach der Kirche kutschierte er gerne, samt Frau und Wackeldackel, stundenlang die Hauptstraßen entlang, »Im Frühtau zu Berge« singend, während ihre Hand auf seinem Oberschenkel lag. Er freute sich über die Pünktlichkeit der Regionalbahn, die schattigen Stellen in seinem Schrebergarten während des Hochsommers und die kleine, verlässliche Flasche Underberg am Ende des Tages. Er fand bei Rot über die Ampel gehende Jugendliche, das Anglisieren des Genitivs und das Einfach-drauflos-Duzen weniger gut. Wenn jemensch ihn in seiner Gegenwart als »Christ« bezeichnet hätte, hätte er »mit Verlaub« korrigiert: Er war überzeugter Protestant. Wenn jemensch ihn allerdings als »cis Mann« bezeichnet hätte, hätte er vor lauter Irritation bestimmt die Augen zusammengekniffen. Und wenn jemensch ihn als »weiß« bezeichnet hätte, hätte er dies entweder als Synonym für »deutsch« aufgefasst oder sich gefragt, ob dies als Beleidigung zu verstehen war. Oder beides.

Eine Frage der Tagesverfassung.

Seine über die Jahre im Wesentlichen gleich gebliebene Morgenroutine würde heute bald mit Beginn des gemeinsamen Frühstücks – genauer gesagt, mit dem Essen des Eis – enden. Normalerweise war sie, Frau Gröttrup, die Chefin der Küche, und seine Aufgaben waren es, die Post hereinzuholen, die Außentemperatur zu kontrollieren und die Schuhe zu putzen. Die Aufteilung fand er eigentlich passend, doch in letzter Zeit erlaubte sich seine Ehefrau einige kleine Fehltritte, die dazu führten, dass er nun alles haargenau kontrollieren musste. Sie war einfach nicht so konzentriert bei der Sache wie er. Und so kam es, dass er jeden Morgen ungefähr acht Minuten zusätzlich einplante, um auch kurz am Herd stehenzubleiben. Das hatte sich in letzter Zeit als sehr gewinnbringend herausgestellt.

Jetzt konnte er sich aber endlich an den Frühstückstisch setzen, da anscheinend alles in Ordnung war. Mit den Händen in den Hosentaschen schlenderte Herr Gröttrup gefasst und zufrieden aus der Küche zurück ins Esszimmer. Er hatte zwar kurz überlegt, Frau Gröttrup, die gewiss nicht so stark war wie er, auch noch mit dem Tragen des Tabletts zu unterstützen, entschied sich aber dagegen, da er ihr heute Morgen wirklich genug beratend zur Seite gestanden hatte.

Frau Gröttrup ging hinter Herrn Gröttrup her. Auf einem kleinen Tablett balancierte sie dabei die Butter, die Milch, den Gouda, drei Tomaten, den Orangensaft (frisch gepresst), das Besteck, zwei Gläser, zwei Kaffeetassen und eben die Eier. Brot,

Salz und Pfeffer standen bereits auf dem Tisch. Sie würde für die Kaffeekanne, die Teller und den Zucker noch einmal zurück in die Küche gehen müssen. Ihre Hände zitterten, weil das Tablett eigentlich ein bisschen zu schwer für sie war. Doch seitdem er angefangen hatte, schon abends seine Kleidung zurechtzulegen, war es morgens Frau Gröttrup viel lieber, allein das Frühstück zum Tisch zu bringen.

Es klapperte ein wenig, als sie das Tablett auf den Tisch stellte, doch kippte nichts um. Sie war in ihrem Leben mehr als einmal ermahnt worden, extra darauf zu achten. Herr Gröttrup betrachtete trotzdem das ganze Geschehen kritisch – was Frau Gröttrup natürlich noch zittriger hätte machen können. Weil sie sich aber auch auf das Frühstücksei heute Morgen besonders freute (allein – aus anderen Gründen als Herr Gröttrup), fiel es ihr nicht auf. Nachdem sie das Tablett leergeräumt hatte, lief sie noch einmal los.

Frau Gröttrup kam ein zweites Mal ins Esszimmer, jetzt mit den restlichen Sachen. Inzwischen lag auch die heutige Ausgabe des Merkurs auf dem Tisch: Herr Gröttrup las mit sichtlich großer Freude vom langersehnten Umbau der Münchner Stadtbibliothek. Es duftete angenehm nach heißem Kaffee und frischgebackenem Brot. Frau Gröttrup interessierte sich weder für Zeitungen noch Stadtbibliotheken. Hätte Herr Gröttrup darüber nachgedacht, hätte er festgestellt, dass er überhaupt nicht mehr wusste, wofür sie sich interessierte.

Sie stellte Teller auf den Tisch – einen vor ihn, einen vor sich –, bevor sie sich dann auch endlich hinsetzte. Genau in dem Moment schlugen die Glocken sieben Uhr dreißig, als wäre alles perfekt inszeniert. Während Frau Gröttrup die Eier in die Eierbecher stellte und einen auf seinem Teller, einen auf ihrem Teller platzierte, griff Herr Gröttrup, ohne aufzusehen, nach einem Eierlöffel. Die Bibliothek würde wohl pünktlich zum nächsten Frühjahr fertig werden. Auch das Budget schien diesmal realistisch kalkuliert worden zu sein. Außerdem, stellte er nebenbei fest, war heute sein Ei richtig abgeschreckt worden, denn es fühlte sich einfach angenehm warm an. Herr Gröttrup war völlig zufrieden mit seiner W…

»Was ist denn das?!«

Gott sei Dank fiel Frau Gröttrup nichts aus der Hand, doch als er schrie, war sie dabei gewesen, ihrem Mann Kaffee einzugießen – und erschrak.

»Helmut?«

Ein Tröpfchen Kaffee sickerte ärgerlicherweise in die Tischdecke. Zum Glück konnte sie aber den braunen Fleck gut mit der Zuckerdose verstecken (Weißwäsche war sowieso heute dran). Herr Gröttrup hingegen hatte einige gelbe Kleckse unterschiedlicher Größe auf seiner Krawatte, eine Tatsache, die ihn – gelinde gesagt – höchst unzufrieden machte. Nachdem er die Spitze des Eis gepellt und ein wenig Salz und Pfeffer darübergestreut hatte, wollte Herr Gröttrup, noch während er las, es genüsslich auslöffeln. Er hätte es auch, wenn ihn das Ei nur nicht – auf absolut unvorhersehbare Art und Weise – angespritzt hätte. Mit anderen Worten:

Das. Ei. War. Noch. Weich.

Wie konnte das nur sein? Er ließ das Ei augenblicklich auf seinen Teller fallen und befreite seine Krawatte von dem gelben klebrigen Chaos mit seiner frischgebügelten Baumwollserviette. Verärgert schaute Herr Gröttrup hoch. Frau Gröttrup aß ihr Ei in Ruhe. Es war ihr allerdings anzusehen, dass sie sich anstrengte, nicht loszuprusten. Die Anzeichen dafür waren nicht an ihrer Körperhaltung festzumachen, denn ihre Hände waren immer noch ruhig. Sie tupfte zwar vorsichtig ihren Mund mit ihrer Serviette ab, dabei waren ihre Lippen still. Doch Herr Gröttrup konnte genau sehen, wie Schadenfreude über ihr Gesicht huschte und einen Ort zum Ausruhen in ihren Augen fand.

»Das waren doch auf die Sekunde siebeneinhalb Minuten! Oder etwa nicht?« Herr Gröttrup klang weniger selbstsicher, als er wollte.

Frau Gröttrup reagierte zunächst nicht. Irritiert sah Herr Gröttrup noch einmal herunter zum Ei. Es war tatsächlich immer noch weich. Dabei hatte

er doch alle Vorschriften … ähh … Schritte einge-
halten. An dem kleinen, mit einem schwarzen
Edding geschriebenen »H« auf seinem Ei hatte er
bereits zweifelsfrei festgestellt, dass die Eier nicht
versehentlich vertauscht worden waren. Und an
einem womöglich niedrigeren Luftdruck in der
Küche konnte es ja auch nicht liegen. Vielleicht war
der Kühlschrank heute Morgen viel kälter gewesen
als sonst? Das würde er gleich kontrollieren … Wie
eine Kettensäge drang die Stimme seiner Frau in
seine Rechnungen und Gleichungen ein:

»Ich koche dir noch ein Ei, ja?«

Er konnte nur nicken. Frau Gröttrup blinzelte
mehrmals, beide schwiegen. Im nächsten Moment standen sie gleichzeitig auf. Sie, weil sie ganz
schrecklich, ganz dringend und vor allem ganz allein hinter geschlossener Tür »husten« musste, und
er, weil er nur noch im Kopf hatte, nach der Tem-
peratur des Kühlschranks zu schauen. Erst jetzt sah
er, dass ihre Haare wirklich viel grauer geworden
waren als seine.

»Helmut, ich mach das schon«, versicherte ihm
Frau Gröttrup. »Brauchst nicht mitkommen.« Und
ohne ein weiteres Wort zu verlieren, ging sie fort.
Also waren die beiden allein im Esszimmer: Herr
Gröttrup und das Ei, das sich traute, noch weich
zu sein.

Bleiben Sie bitte weiterhin sitzen, die Geschichte ist noch nicht zu Ende. Nehmen Sie Ihre linke Hand vom Kopf weg, und reichen Sie die Geschichte von der rechten Hand zur linken. Heben Sie als Nächstes Ihre rechte Hand langsam zum Kopf, und halten Sie damit Ihr rechtes Auge zu. Sie können jetzt weiterlesen.

Manchmal wache ich auf und denke: Heute bin ich ein Ei.

Zugegeben: Das passiert mir nicht oft. Wer will schon ein Ei sein? Nicht wirklich rund, nicht wirklich stabil, nicht wirklich attraktiv. Ich habe viel öfter morgens gedacht: Heute bin ich Crème brûlée oder ein Lottogewinn oder ein Sonnenaufgang. Wenigstens haben die Menschen Freude dran! Aber heute wollte ich einfach als etwas Belangloses durchgehen. Keine große Aufregung. Vor allem kein Chaos verursachen! Einfach ein Ei sein. Auf der sicheren Seite bleiben. Ich habe nicht damit gerechnet, dass ich diesmal wirklich gekocht würde. Sonst, wenn ich das Ei-Sein gewählt habe, bin ich immer den ganzen Tag einfach im Kühlschrank geblieben. Gröttrups hatten gestern aber nur noch ein Ei zu Hause. Das fiel Irmi leider abends so spät ein, dass ihr keine Zeit blieb, noch schnell einkaufen zu gehen.

»Irmi« wird sie übrigens nie von Lebenden genannt. Das letzte Mal, als sie diesen Namen hörte, wohnte sie noch bei ihren Eltern und hatte gerade angefangen, sich heimlich mit ihrem damaligen

Freund zu treffen. Er hatte sie so genannt. Und ihre Oma auch. Seit seiner Pensionierung wurde Irmi von ihrem Mann nur noch »Mutti« genannt, obwohl sie keine Kinder hatten. Wenn es wenigstens liebevoll gemeint gewesen wäre.

Wie dem auch sei, während sie frühmorgens betete, erinnerte sich Irmi, dass Ada heute kommen würde. Diese Frau putzte immer montags und donnerstags bei den Gröttrups und fing an den jeweiligen Tagen so früh an, dass es selbst mir nicht klar ist, ob Irmis Mann überhaupt weiß, dass es eine Ada gibt. Zwei Eier wurden jedenfalls, eingewickelt in reichliche Mengen an Küchenrolle, von Ada mitgebracht. Ja, normalerweise wäre ein Ei völlig ausreichend gewesen. Ada hatte aber irgendwie bereits eine Vorahnung davon, was am Frühstückstisch passieren würde. Und so bin ich heute zu den Gröttrups gelangt.

Ich bilde mir selten ein Urteil über die Menschen, denen ich begegne. Ich versuche sie immer so zu betrachten, dass ich an ihren wahren Kern rankomme. Das kann ich inzwischen ganz gut, besonders in Deutschland. Aber selbst Wesen wie ich haben manchmal schlechte Tage (ich wollte ja einfach im Kühlschrank chillen), und so, wie Irmis Mann drauf war, habe ich gedacht: Den muss ich ein wenig provozieren.

Also beschloss ich, nicht hart zu werden.

Meine Gründe für diese Entscheidung hätte Irmis Mann niemals nachvollziehen können. Das ist nicht verwunderlich, denn er hatte ja ausschließlich seine Art von Menschenkörper und ein sterbliches Leben bei der ersten großen Verteilung geschenkt bekommen (das ist übrigens überhaupt nicht abfällig gemeint, ich habe ja nicht mal das geschafft). Irmi schnitt damals etwas besser ab als ihr Mann. Somit war es ihr tatsächlich herzlich egal, ob das Ei sieben oder siebzehn Minuten lang kochte. Es ging nicht einmal darum, dass ihr Mann das Ei irgendwie besonders haben wollte. So etwas Uneindeutiges wie »sehr festes Eiweiß und mittelweiches Eigelb«, wie Irmi das eigentlich mag, fand er schlicht unausstehlich. Das Frühstücksei sollte hart sein. Punkt. Gleichzeitig war ihr allerdings klar, dass es bei dem Streit heute Morgen nicht wirklich um das Ei ging. Oder die Wasserverschwendung, die damit einhergeht, wenn ein Ei zu lange kocht. Oder das unnötige In-die-Höhe-Treiben der Stromrechnung. Und deswegen schaltete Irmi während des Vortrags ihres Mannes innerlich irgendwann ab und nahm sein Ei einfach wie gewünscht aus dem Wasser. Es wirkte vielleicht wie Resignation. Tatsächlich war es ein leidenschaftsloser, pragmatischer Akt. Sie hatte Angst, dass das wachsende stumpfe Gefühl in den Schläfen sich später zur Migräne entwickeln könnte – was ärgerlich gewesen wäre, weil sie heute

Nachmittag endlich nach einem Eierkocher schauen wollte. Die sinnlose Diskussion war die Sache nicht wert.

Irmi hätte theoretisch die Möglichkeit gehabt, von Ada eine detaillierte Begründung für meine Entscheidung zu bekommen. Sie verspielte die Chance, indem sie sich mit dem Gedanken zufriedengab, dass sie wegen ihrer neuen Lesebrille einfach besser die Herduhr lesen konnte als ihr Ehemann. Ohnehin redete Irmi sehr wenig mit Ada (sie wusste nicht einmal, dass Ada inzwischen fließend Deutsch sprach), somit entgingen ihr jede Menge Informationen. Und ihr Mann behielt darum fast immer die Oberhand.

Das war mal anders. In ihrem ersten gemeinsamen Leben hatte Irmi nicht nur die Hosen an, sondern den ganzen Anzug, inklusive Fedora-Hut und Gehstock. Es war zum Beispiel nicht etwa er, sondern Irmi, die sich damals mit den Russen getroffen und verhandelt hatte. Gleich nach der bedingungslosen Kapitulation der Wehrmacht. Gleich nachdem Irmis Mann stotternd im Hausflur erschien und in jede Himmelsrichtung schaute, sogar durch Irmi hindurch, nur nicht ihr direkt ins Gesicht. Gleich nachdem beide Kinder (in der ersten Verteilung gab es ja auch einen Sohn und eine Tochter) Irmis Lippenstift gefunden hatten.

Ungünstig, o! Das war ihr Lieblingslippenstift!
Lieblingslippenstift? Das war ihr einziger
Lippenstift!
Ihr einziger Lippenstift?! Wirklich sehr
ungünstig, o!

Klein Peter stand bereits in der »Nun schäm
dich!«-Ecke, seine kurzen Arme schaffte er nicht
ganz ineinander zu verschränken, darum sah er, obwohl er sich alle Mühe gab, eher gequält als wütend
aus. Das Töchterchen grinste den Vater mit fett
bemalten Lippen und Zähnen an, während Irmi
gnadenlos mit ihrem Mann schimpfte. »Die Treppe
fegt man von OBEN!«, zischte sie irgendwann und
drückte gleichzeitig ihrem Mann eine Windel voll
Kleinkind in die Arme. Noch am selben Tag ver-
langte sie allen Ernstes ein Treffen mit Sergei Paw-
lowitsch Koroljow (einer Art russischer Wernher
von Braun). Tatsächlich überlebten alle Gröttrups
die Jahre nach dem Krieg, weil sie von Koroljow
höchstpersönlich in die Sowjetunion gebracht
worden waren. Darüber wird heutzutage im Hause
Gröttrup nicht mehr geredet. Doch an jenem Tag
war ich Irmis letzter Lippenstift. Und ich erinnere
mich noch genau, wie groß die Erleichterung war,
als Irmis Mann erfuhr, dass er nicht zwischen Ra-
ketenbau und Familie wählen musste, wie manch
einer seiner Kollegen. Das hatte er allein Irmi zu

verdanken. Aber er wusste es nicht mehr. Seit der zweiten großen Verteilung geht es auffällig vielen Menschen seiner Art so.

Als deutsches Ei nicht hart zu werden ist keine so große Leistung. Deutlich schwieriger ist es für mich, auszuhalten, dass ihr Lebenden ausschließlich mittels dieses Gefängnisses namens Sprache kommuniziert.

> Sprachen und ihre Kategorien, o!
> Menschen und ihre Kategorien!
> Sie sind nicht ganz dicht, o! Sie sind nicht ganz dicht.

Also immer wenn ich etwas Schriftliches werde, versuche ich (meist vergeblich) die Inhalte zu ignorieren. Und als ihr das Jahr 1862 geschrieben habt, war ich als Epizentrum eines Erdbebens in Accra unterwegs. Das war vielleicht schwer. Ich habe mich wirklich sehr zusammenreißen müssen, um nicht einfach bei der Zerstörung der europäischen Festungen zu bleiben. Es sollte ja nicht wie eine »Strafe Gottes« aussehen, sondern eher wie eine sogenannte »Naturkatastrophe«.

Ähnlich ging es mir vergangene Woche in Berlin, als Helmut Kohl die deutsche Bundestagswahl zum vierten Mal gewann. Zu gerne wäre ich in einem strategischen Moment plötzlich hochgeklappt, so dass er auf dem Weg zum Podest hätte stolpern – eventuell auch hinfallen – müssen. Vor laufenden Fernsehkameras. Dieser Anblick hätte mir gutgetan. Es sollte aber diesmal nicht sein (oder ehrlicher: es ist mir ausdrücklich verboten worden), aber irgendwann einmal werde ich wieder ein wichtiger roter Teppich sein. In ziemlich genau zwanzig Jahren wird ein anderer Politiker Opfer meiner Ungnade sein (er wird Robert Mugabe heißen, wenn nichts dazwischenkommt, und wir werden uns in Harare befinden). Aber ich greife zu weit vor.

Wir sind bei Gröttrups. Die dritte große Verteilung steht bald an – heute ist der Tag, an dem es Irmi und ihrem Mann bewusstwerden wird. Ich habe gehofft, dass ich heute auch endlich geboren werden darf, aber mein Plan mit dem Ei-Sein ist nicht aufgegangen. Weil ich Irmis Mann gegenüber so ungeduldig und rechthaberisch gewesen bin, weiß ich jetzt schon, dass es bei dieser Runde wohl wieder nichts wird. Ich weiß es, weil es immer noch keine Bilder gibt.

Das ist der Unterschied zwischen den Ungeborenen und den Verstorbenen. Auch wenn Verstorbene selber nicht mehr auf Fotos, in Zeichnungen oder durch Erzählungen wahrnehmbar sind, tröstet es sie, zu wissen, dass das Leben der Liebsten weitergeht. Tote haben Bilder. Die, die noch nie gelebt haben, warten noch darauf.

Nehmen Sie bitte Ihre rechte Hand vom Kopf weg.
Sie können, wenn Sie möchten, nun die Geschichte mit
beiden Händen festhalten.

Bei dem Gedanken, dass ein Ei möglicherweise eigene Ideen und Präferenzen haben könnte, musste Herr Gröttrup unfreiwillig den Kopf schütteln. Was für ein Unfug! Er überlegte kurz, den Gedanken ad absurdum zu führen, indem er es fixierte – einige Sekunden lang – und sich anschließend räusperte, als würde er anfangen, einen einseitigen Dialog mit ihm zu führen. Doch just in dem Moment kam Irmi mit seinem zweiten Ei ins Esszimmer. Das Paar hätte kurzerhand noch einmal mit dem Frühstück anfangen können, als hätte es den ersten Anlauf gar nicht gegeben, als würden die Glocken erst jetzt sieben Uhr dreißig schlagen. Jedoch hielt es Herr Gröttrup mit seiner – nun nicht mehr ganz so makellosen – Krawatte nicht mehr aus. Er entschuldigte sich bei Irmi und versicherte ihr, während er aus dem Zimmer schritt, dass er gleich wieder da sein würde. Und ehe Irmi wieder nach Luft schnappen konnte, war Herr Gröttrup schon oben im Badezimmer. Die zweite große Überraschung des Tages: Eine Unbekannte stand bereits dort und sortierte die Wäsche. Er vermied ihre Augen. Hätte er in sie geschaut, wenn auch nur flüchtig, hätte er nicht leugnen können, dass sie ihm seltsam vertraut vorkam_en.

»Wer bist du?«, stammelte Herr Gröttrup.

»Ich bin die Ada.«

Sie antwortete, als gäbe es nichts Selbstverständlicheres, als dass sie seine Unterhose in der Hand halten würde, wenn sie sich kennenlernten.

»Ada?«, erwiderte er. Schweißperlen formten sich auf seiner Stirn.

»Ich bin deine Putzfrau.«

»Duzen wir uns?«

»Sie haben damit angefangen.«

Wohl wahr. Herr Gröttrup hatte nun mehrere Probleme gleichzeitig. Um sich zu helfen, gab er ihr die Hand. Er wollte sich eigentlich vorstellen. Ada hatte das allerdings als Kontrolle gedeutet – als wolle er seine Unterhose prüfen. Hätte Herr Gröttrup Ada vernünftig angeschaut, wie es sich gehört, wäre er nicht in die Situation gekommen, dass sie sich die Hände schüttelten, mit seinem Schlüpfer zwischen den Fingern.

Vielleicht aber doch.

Alle Menschen, die Ada unterschätzen, bereuen es irgendwann.

Zurück im Esszimmer sah er, wie Irmi am Tisch saß und auf ihn wartete. Sie stellte ihm keine Fragen, und das war ihm auch recht so.

Herr Gröttrup setzte sich hin.

Und Ada fing an, die Toilette im Obergeschoss zu putzen.

Es war ein Geschenk, Euch an meiner Seite zu wissen.
Vielen lieben Dank Aischa Ahmed, Sofian Bello, Willi Bischof,
Carina Büker, Clementine Ewokolo Burnley, Dietmar Dath,
Tahir Della, Julia Eichhorn, Yosime Flood, Karin Graf, Catherine
Johnson, Sandra Kegel, Dirk Ludwig, Wamilika Mawakha,
Jeannine Mayani, Marcin Michalski, Bona Ngoumou, Gonza
Ngoumou, Mirjam Nuenning, Dion Otoo, Elijah Otoo, Lewis
Otoo, Tyrell Otoo, Pasquale Virginie Rotter, Joachim Schulz,
Asad Schwarz-Msesilamba, Irène Servant, Ralf Steinberger,
Paul Teschner und Thabo Thindi.

Dürfen Schwarze Blumen Malen?

Klagenfurter Rede zur Literatur 2020

Mit Zeichnungen der Autorin

Vielen Dank an Aischa Ahmed, Manuela Bauche, Noa Ha,
Katja Kinder, Mirjam Nuenning, Tyrell Otoo und René Aguigah
für ihre wichtigen und sehr hilfreichen Anmerkungen.

Verehrtes Publikum,

erlauben Sie mir bitte eine Anmerkung, bevor ich mit der Rede beginne. Es geht um die Schreibweise des Wortes »Schwarz« in meinem Titel. Sie werden vielleicht festgestellt haben, dass er zweideutig ist, je nachdem, ob »Schwarz« groß- oder kleingeschrieben wird. Eventuelle Irritationen deswegen möchte ich zunächst aus dem Weg räumen.

Es wäre mir eine große Freude, Ihnen von malenden schwarzen Blumen zu erzählen. Von ihren Duftnoten und Farbtönen, ihrer Resilienz und ihrem Großmut, ihrer Nahrhaftigkeit, von ihren heilenden Kräften. Was wir alles von diesen seltenen Blumen lernen könnten! Aber darum soll es heute Abend nicht gehen. Tatsächlich werde ich über Menschen reden. Paradoxerweise habe ich genau dieses Wort – »Menschen« – weggelassen, um sicherzugehen, dass der Titel von anderen richtig geschrieben wird.

Im englischsprachigen Raum ist es üblich, bestimmte politische Selbstbezeichnungen auch als Adjektive großzuschreiben. Denken wir an »Black«

und »Deaf« zum Beispiel. Der Großbuchstabe am
Anfang signalisiert, dass es sich keineswegs bei
»Black« um die Beschreibung eines vermeintlichen
Hauttons beziehungsweise bei »Deaf« um eine Un-
fähigkeit zu hören handelt. Es sind widerständige

Begriffe, die eine Zugehörigkeit zu einer Community kennzeichnen. Die Mitglieder der jeweiligen Communitys teilen Erfahrungen und Überlebensstrategien, aber auch kulturelle Referenzen und tradiertes Wissen. Menschen der afrikanischen Diaspora überbrücken nationale Grenzen und erhebliche Barrieren, um für Anerkennung, Gerechtigkeit und Chancengleichheit zu mobilisieren und zu kämpfen. Ich habe gelernt, dass Gebärdensprachgemeinschaften ähnliche Herausforderungen kennen. Diese Communitys sind vielfältig und selbstbestimmt. Mit Sicherheit sind sie sich untereinander nicht immer einig – nicht einmal in der Frage, ob »Black« beziehungsweise »Deaf« groß- oder kleingeschrieben werden sollen. Das müssen sie aber auch nicht sein.

Die Verwendung der Großbuchstaben am Anfang des Wortes kann zeigen, dass wir der Community angehören oder, wenn dem nicht so ist, dass wir uns mit der Bewegung solidarisieren. Das hat auch in deutschsprachigen Ländern Tradition. Seit über dreißig Jahren bemühen sich Communitys der jüngeren Schwarzen Generation, ihre Eigenbezeichnungen auch in diesem Kontext durch Organisationen wie ADEFRA (Schwarze Frauen in Deutschland), ISD (Initiative Schwarze Menschen in Deutschland), Pamoja (die Bewegung der jungen afrikanischen Diaspora in Österreich) und Bla*Sh

(das Netzwerk Schwarzer Frauen in der Deutsch-
schweiz) zu prägen. Somit werden Schwarze Erfahrungen in den jeweiligen Ländern dokumentiert.
Es werden Treffen koordiniert, es werden Veranstaltungen organisiert, es werden Netzwerke gebildet, es
wird Theoriearbeit geleistet. Für einen respektvollen
Umgang mit unserer gemeinsamen deutschen Sprache

gibt es Lösungen und Angebote. Und schließlich kennt die deutsche Sprache bereits Veränderung. Eine Sprache, die es geschafft hat, sich von »Fräulein« zu verabschieden und ein Wort wie »Safari« willkommen zu heißen, ist stark genug, um weitere Upgrades zu verkraften. Oder zumindest, um einen souveränen Aushandlungsprozess zuzulassen. Leider wird jedoch in den überwiegend weißen deutschsprachigen Redaktionen – progressiv wie konservativ – noch immer zu eng am Duden festgehalten.

Viel zu oft habe ich die ärgerliche Erfahrung gemacht, dass ein Text von mir im Lektorat »korrigiert« und veröffentlicht wurde, obwohl ich mit meiner gewählten Schreibweise etwas ganz anderes hatte ausdrücken wollen. »Lehrer*innen« hat nicht die gleiche Bedeutung wie »Lehrerinnen und Lehrer«, »Fremdenfeindlichkeit« schreibe ich nicht, wenn ich »Rassismus« meine, und »schwarz« ist nicht gleich »Schwarz«.

Wenn Sie nicht verwechselt werden wollen mit einer Person, die Selbstbestimmung für überflüssig hält, oder gar mit einer Person, die eine alleinige Deutungshoheit für sich beansprucht, plädiere ich doch dafür, Sprache als eine Post-it-Note zu begreifen: als ständige Erinnerung daran, dass Diskriminierung existiert und dass unsere eigene Haltung dazu in der Wortwahl oder der Schreibweise deutlich werden kann.

So zu handeln ist eine Wahl. Ich möchte behaupten, dass es möglich ist. Ich möchte *nicht* behaupten, dass es leicht ist. Als ich diese Rede geschrieben
habe, habe ich es vermieden, die Worte »taub« und
»gehörlos« zu verwenden, weil ich unsicher war. Ich
wusste, dass einige Menschen sich nicht als »gehörlos« bezeichnen, da ihre Identität kein Defizit
ist. Ich weiß auch, dass »taub« in der Vergangenheit
stigmatisierend war. »Taub« ist jetzt eine positive

Selbstbezeichnung, die aber nicht alle Menschen aus der Community für sich verwenden. Also stehe ich am Anfang eines Lernprozesses. Die Unsicherheit gehört dazu – sie ist ein immens wichtiger Teil des Lernens. Wir dürfen Fehler machen.

Und, da es gerade sehr gut passt, noch ein Hinweis bezüglich des Wortes »dürfen«, bevor ich mit der Rede anfange. Zusammen mit »müssen« und »sollen« ist »dürfen« meiner Meinung nach eines der deutschesten aller deutschen Verben. Wir *dürfen*, wenn es um Sprache und Literatur geht, recht viel. Gesetze, die Verstöße gegen die sogenannte Political Correctness regeln, gibt es keine. Leute, die behaupten: »Das wird man ja wohl noch sagen dürfen!«, haben – mit wenigen Ausnahmen – absolut recht. Die Meinungsfreiheit ist im gesamten deutschsprachigen Raum ein hohes Gut – sie ist eines der wichtigsten Menschenrechte überhaupt. Was es jedoch nicht gibt, obwohl sie bisweilen als Menschenrecht verstanden wird, ist Konsequenzen-Freiheit. Literatur wird nicht ohne gesellschaftlichen Kontext geschrieben und auch nicht ohne einen solchen rezipiert. Selbstverständlich *dürfen* wir den Kontext vernachlässigen. Die interessantere Frage ist aber, warum wir das tun.

Verwendet eine weiße deutsche Autorin rassistisches Vokabular in ihrer Kurzgeschichte, weil sie die Lesenden ausschließlich als weiß imaginiert? Was wenn sie dadurch versucht, sich von ebendieser Art

der Diskriminierung zu distanzieren? Ist die satirische
Reproduktion eines rassistischen Begriffs für Schwarze
Menschen gerechtfertigt, wenn ein Schwarzer deutscher Komiker sie vornimmt? Was, wenn er dadurch
versucht, sich den Begriff anzueignen, um ihn seines
schmerzhaften Potenzials zu berauben? Ist die emotionale Belastung für Schwarze Lesende dadurch zu-
mutbar gemacht? Können wir hier von fehlender Solidarität sprechen?

Mit Erstaunen verfolge ich die aktuelle Debatte um den kamerunischen Historiker und Philosophen Achille Mbembe, dem Antisemitismus und Holocaust-relativierung vorgeworfen werden. Auf der anderen Seite wirft er seinen Kritikern Rassismus vor. Um meine Position klarzumachen: Ich bin weder Expertin in Sachen Antisemitismus noch in den Arbeiten von Mbembe. Ich bin explizit in der Rolle einer Lernenden und Fragenden. Ich versuche ausgehend von den diversen Artikeln, Essays und offenen Briefen zu einer eigenen Meinung zu gelangen. Mir erscheint es unabdingbar, die Kämpfe gegen Antisemitismus und Anti-Schwarzen-Rassismus zusammenzudenken.

Ich frage mich, wie wir die Solidarität, die zwischen Schwarzen Communitys und jüdischen Communitys in Deutschland besteht, wahrnehmbarer machen können. Es scheint in der Debatte kaum eine Rolle zu spielen, dass es sie überhaupt geben könnte. Doch in der 1992 erschienenen Kongressdokumentation »Wege zu Bündnissen«, herausgegeben von May Ayim und Nivedita Prasad, sind Beiträge von »Immigrantinnen, Schwarzen deutschen, jüdischen und im Exil lebenden Frauen« veröffentlicht. Und der 1993 erschienene Sammelband »Entfernte Verbindungen. Rassismus, Antisemitismus, Klassenunterdrückung«, herausgegeben unter anderem von Ika Hügel, Chris Lange und May Ayim, ist Ergebnis einer ähnlichen Kooperation.

Die Zusammenarbeit war sicherlich nicht ohne Brüche und Konflikte. Aber sie bot eine Inspiration für weitere Zusammenschlüsse. Ende 2010 unter der Leitung der Schwarzen deutschen Intendantin Philippa Ebéné kuratierte die Berliner Kulturinstitution Werkstatt der Kulturen eine Diskussionsreihe namens »Playing in the Dark«, die von dem ehemaligen Vizepräsidenten des Zentralrats der Juden in Deutschland, Michel Friedman, moderiert wurde. 2013 fand »FeMoCo«, eine gemeinsame Konferenz zu »Feminismen of Color in Deutschland«, statt. Beide Veranstaltungen bemühten sich um eine kritische, differenzierte und solidarische Auseinandersetzung mit den unterschiedlichen Positionen von Schwarzen, jüdischen und muslimischen Menschen, von Sinti*ezza, Rrom*nja und weiteren Menschen of Color in Deutschland.

Ich frage mich, wie wir die Art der Debattenführung verändern können, um Platz für die Positionen Schwarzer jüdischer Menschen zu machen. Wie können wir auf Allianzen bauen, im Dialog bleiben und zu einem Verständnis kommen, das der Komplexität von Erinnerung und Mahnung gerecht wird?

Ich begreife meine Arbeit als Teil eines solchen Austausches. Erst durch die Rezeption wird das, was ich schreibe, zu Literatur. Vorher ist es bestenfalls ein Monolog. Und ich möchte mit meinem Schreiben auf gesellschaftliche Missstände hinweisen. Dafür brauche ich Verbündete. Erst durch die Rezeption wird mein Wunsch zum Programm. Somit schreibe ich in der Tradition von Geoffrey Chaucer und Charles Dickens, von Bertolt Brecht und Heinrich Böll. Ich komme vielleicht nicht von Homer, aber ich schreibe im warmen Schatten des nigerianischen Autors Chinua Achebe, der unter anderem mit dem Friedenspreis des Deutschen Buchhandels ausgezeichnet wurde und der einst sagte:

»Writers are not only writers, they are also citizens
… serious and good art has always existed to help, to
serve humanity.«

»Schriftsteller*innen sind nicht nur Schriftsteller*innen, sondern auch Bürger*innen … Es war stets
die Aufgabe ernsthafter und gelungener Kunst, der
Menschheit beizustehen, ihr zu dienen.«

Ich schreibe in den riesigen Fußstapfen der
Schwarzen US-amerikanischen Autorin und Li-
teraturnobelpreisträgerin Toni Morrison, die prokla-
mierte:

»I'm writing for Black people … I don't have to apologise.«

»Ich schreibe für Schwarze Menschen … Ich muss mich nicht entschuldigen.«

Ich schreibe in Dankbarkeit für die bahnbrechende Arbeit der Schwarzen deutschen Aktivistin, Pädagogin und Dichterin May Ayim, die in ihrem Gedicht »Der Käfig hat eine Tür« folgende Zeilen verfasste:

> »… es ist mir inzwischen lieber ich bin ausgegrenzt ich bin nicht eingeschlossen …«

Apropos Schreiben. Eine letzte Sache, die ich klären möchte – und dann kann es endlich mit der Rede losgehen –, betrifft das Konzept »Blumen malen«. Wann haben Sie es das letzte Mal getan? Vielleicht haben Sie angesichts der aktuellen Krise keine Zeit dafür? Ihnen fehlt die Ruhe? Denken Sie sogar, Sie hätten kein Talent dafür? Oder haben Sie in Ihrem Leben so viele Blumen gemalt, dass Sie dabei keinen Zauber mehr verspüren? Oder gehören Sie zu den Menschen, die trotz allem – vielleicht sogar wegen allem – Blumen in all ihrer vergänglichen Schönheit zu malen gedenken? Mit Filzstift, mit Bleistift, in Wort, in Gesang:

wie vereinzelte blüten
bleich und gemein
ohne grund
wirken versammelte knospen
mit gold-rot-schwarzem bund

Blumen malen, ganz ohne Rücksicht auf fehlende Kita-
betreuung, finanzielle Einbußen, gesundheitliche Risiken oder rassistische Aggressionen. Für manche von
uns der ganz normale entspannte Alltag – und für
viele von uns: eine radikale Vorstellung. Wenn zu
diesen Herausforderungen noch hinzukommt, dass wir
Einzelerscheinungen in den jeweiligen Communitys
der Blumen-Malenden sind – die einzige Frau unter

Männern zum Beispiel –, bekommt unsere Kunst eine zusätzliche Aussagekraft, um nicht zu sagen, eine Vorzeige-Qualität.

Viele Schwarze Kunstschaffende arbeiten unter diesen oder ähnlichen Zwängen. Auch wenn wir es wollen, steht unsere Kunst nicht für sich allein – sie wird zur Repräsentation einer ganzen Community. Wie gehen wir damit um? Es gibt Schwarze deutsche Autor*innen, die in ihrer Arbeit Schwarzsein gar nicht thematisieren.

In »Die Falle« von der preisgekrönten Krimiautorin Melanie Raabe spielt es keine Rolle. Andere schreiben zwar Schwarze Hauptprotagonist*innen, entscheiden sich aber bewusst, gewaltvolle Diskriminierungserfahrungen nicht in den Mittelpunkt der Geschichte zu stellen. Mit »Brüder« wollte Jackie Thomae ausdrücklich kein »Rassismusbuch« schreiben. Und wieder andere Autor*innen beschreiben detailliert die diversen Lebensrealitäten ihrer Schwarzen Figuren. Der im Frühjahr erschienene Roman »1000 Serpentinen Angst« von Olivia Wenzel reflektiert die Geschichte einer Schwarzen Ostdeutschen queeren Frau. Es muss Platz für diese verschiedenen Romane geben – und auch für jene von Chantal-Fleur Sandjon, SchwarzRund, Noah Sow, Zoe Hagen, Michael Götting und noch vielen mehr. Denn durch die Rezeption einer ganzen Palette an Arbeiten werden Positionen und Proble-

matiken deutlicher, komplizierter, herausfordernder. Wir Schwarzen Menschen können uns in unserer Diversität begreifen, und die Bürde der Repräsentation wird leichter. Außerdem wird die deutschsprachige Literaturlandschaft daran wachsen, davon lernen, und wenn sie sich traut, wird sie ihren Horizont erweitern. So oder so schreiben wir Menschen der afrikanischen Diaspora weiter – denn es gibt unendlich viel zu erzählen.

Also kommen wir endlich zum Thema des heutigen Abends.

Verehrtes Publikum:
»Dürfen Schwarze Blumen Malen?«
Ja. Je mehr, desto besser.
Haben Sie vielen Dank!

Härtere Tage

Mit liebem Dank an Frank Steinhofer fürs Lesen und Zuhören.

Die Eltern wären stolz gewesen.

Sie hätten zunächst ihre Tochter angelächelt. Eigentlich angestrahlt. Nur diejenigen, die das ältere Paar nicht persönlich kannten, hätten Mühe gehabt, das Ausmaß der Freude zu erfassen. Im Anschluss hätten sie einander mit geschlossenen Augen und hochgezogenen Augenbrauen zugenickt. Sie, mit weißen Handschuhen aus Seide, einer Perlenkette und sicherlich auch mit einem eleganten, breitkrempigen Hut, der perfekt zu ihrer Tasche und ihren Schuhen passen würde. Rosa, nehmen wir an, denn Anfang Juli war das Wetter hervorragend. Doch auch wenn dem nicht so gewesen wäre, hätte Mrs. Otoo, die keinen Mantel in Weiß oder Rosa besaß, es mit Sicherheit für wichtiger gehalten, ein farblich abgestimmtes Outfit zu tragen. Regen und Kälte vergehen – Fotos halten ewig.

Er hätte neben seiner Frau in einem neuen Anzug gesessen. Sein beigefarbenes Hemd wäre um den Bauch herum ein wenig zu eng gewesen, aber das hätte Mr. Otoo nicht weiter gestört. Sie hätten gelächelt, die Eltern, schmallippig und mit glänzenden Augen, und vor jenen wichtigen Literatur-Menschen hätten sie sich nicht anmerken lassen, dass sie kein einziges Wort von dem verstanden haben, was vor sich ging.

Ihre Tochter hätte gewunken, wäre dann verschwunden, schon wieder in längere Gespräche verwickelt, diesmal vor zahlreichen Fernsehkameras; noch eine Frage und noch eine. *Beautiful* sehe sie aus, wirklich. Schade allerdings um ihre Frisur, würde Mrs. Otoo in leisen Tönen anmerken, wenn sie sicher war, dass nur ihr Mann zuhörte, denn das neue Kleid stehe ihr ausgesprochen gut. Warum sie sich nicht häufiger so anzog? Der Vater würde wortlos zustimmen.

Gelegentlich, wenn eine vorübergehende Person in ihre Richtung »Guten Tag!« gerufen hätte, würde es einen Hauch von Interaktion geben. »Guten Tag, guten Tag!«, würde er lachen, ein bisschen zu begeistert von den eigenen, aber doch sehr geringen Deutschkenntnissen. Ansonsten hätten sie geduldig gewartet, die Eltern. Bis der eine Freund – *so kind of you, thank you!* – mit dem jüngsten Enkel von der Toilette zurückgekommen wäre. Bis die größeren Enkelkinder – *they are really teenagers now!* – sich ein wenig beruhigt hätten. Bis die anderen Freunde die Juryentscheidung noch ein zweites Mal ausführlich besprochen hätten, um sicherzugehen, dass tatsächlich alle Aspekte beleuchtet worden waren. Bis die eine Freundin ganz am Schluss auch ein paar Sätze hätte hinzufügen dürfen.

She won?, hätte dann die Mutter sich getraut zu fragen. Und die Gruppe hätte sich den Eltern gewidmet, und das ganze Jubeln wäre wieder von vorne losgegangen. Diesmal auf Englisch.

Ihre Eltern wären wirklich sehr stolz gewesen. Dafür hätten sie aber in Klagenfurt sein müssen.

*

Du, Sharon.

Ich sehe dich, wie du über die Straße läufst, die Sonne im Gesicht. Du versuchst, die Wärme auf den Augenlidern zu genießen, summst irgendeinen Ohrwurm – dabei gilt es, gleichzeitig dieses Feuerwerk im Bauch gelöscht zu denken. Ich weiß genau, wie es dir geht. Ich war mal dort. Ich war mal du. Genauer gesagt, ich bin du, nur schreibe ich aus dem Jahr 2022.

Bitte nicht sauer sein. Ich hätte mich früher melden können, ohne Frage. Aber wenn ich das gemacht hätte, dann hättest du dich mit Sicherheit nicht auf die sonderbare Reise aus der literarischen Unbekanntheit bis nach Klagenfurt eingelassen. Deine Begegnungen wären andere gewesen, es hätte keine Spannungen gegeben, keine Streitereien. Du hättest keine Fehler gemacht. Keine Scham hättest du empfunden und daher auch keinen Grund gehabt, um Verzeihung zu bitten.

Seit Mittwoch bist du hier. Diese Stadt: so schön und doch so brutal. Du schluckst, denn aktuell weißt du nicht, welcher Eindruck überwiegt. Am Donnerstag und Freitag hast du vielen Lesungen beigewohnt, gestern war deine eigene gewesen, die Jurydiskussion hast du überstanden, und nun kommt der letzte Teil der Veranstaltung: die Preisvergabe. Es ist Zeit, dass ich mich endlich einklinke. Ich sehe dich, wie du den Weg zum Fernsehstudio gehst. Begleitet nur von deinem Schatten, so wie du es wolltest. Deine Knie sind weich, dein Herz hämmert, und du atmest kaum. Ein Glück ist es Anfang Juli. Du hast das Sommerkleid an, das deine Freundin dir ausgeliehen hat. Nur die sanfteste Brise weht. Deine Entscheidung, die Strickjacke im Hotelzimmer zu lassen, hat sich noch nicht als falsch erwiesen. Du läufst absichtlich eine Strecke entlang, von der du weißt, dass du so nicht auf viele Menschen stoßen wirst. Kaum eine Person ist unterwegs, aber Vogelgezwitscher nimmst du wahr. Das tröstet ein wenig.

Gleich wirst du ankommen. Ich erzähle dir nicht, wie es ausgeht – du solltest die nächsten Stunden genauso erleben, wie ich sie damals erlebt habe –,

doch drei Sachen möchte ich dir jetzt schon mitgeben, für die Zeit danach. Denn, liebe Sharon, *es
kommen härtere Tage.*

Noch härter?, höre ich dich staunen. Alles eine
Frage der Perspektive, meine ich. Wenn du dich
mitten in der tiefsten Krise befindest, fühlt es sich
immer katastrophal an; als wäre es schlicht unmög-
lich, dass es jemals schlimmer kommen könnte.
Doch wenn der Sturm endlich vorübergezogen ist,
die Wolken verdrängt, die Wellen beruhigt, blickst
du staunend zurück auf das, was alles passiert ist,
was du alles geschafft hast, und du fühlst dich wie
eine wahre Überlebende. Oder nicht? Vielleicht
musst du deswegen heute Morgen immer wieder an
deine Eltern denken. Die ganze Zeit wusstest du
nicht warum, sind sie doch so weit weg. Auch geo-
graphisch. Dennoch gehören sie dazu, ich erzähle
dir warum. Bleib bitte erst mal stehen, hier an der
Ecke. Nur ganz kurz, es eilt nicht. Du hast gerade
alle Zeit der Welt.

Die erste Sache, die ich dir nahelegen möchte, ist:
Bedenke immer, dass du nicht das bist, was deine
Eltern in dir sehen. Egal wie viele Bücher du gelesen hast, egal wie angesehen deine Auszeichnungen,
wie hoch dein Gehalt, wie glatt deine Haare, wie
sommerlich dein Kleid – du wirst nie weiß werden.
Vielleicht ist es wahr, dass du – in ihren Augen –
das gelobte Land erreicht hast. Aber nur, weil ihre

Träume ganz anders sind als deine. *Die auf Widerruf gestundete Zeit wird sichtbar am Horizont.*

Du hast keine Vorstellung davon, wie das Leben eines Kindes aussah, das in den 1940er Jahren in Accra geboren wurde. Wie denn auch? Die westliche Geschichtsschreibung hat jene Biographien nur oberflächlich ausgewertet und als irrelevant erachtet. Trotzdem prägen diese Lebensläufe dich auf eine Weise, die du vielleicht nie verstehen wirst. Als deine Eltern so alt waren wie deine jüngsten Kinder jetzt, wohnten sie in der Hauptstadt einer britischen Kolonie, der sogenannten Goldküste. Ihre Vorstellung von Macht war sicherlich zutiefst vom Weißsein geprägt. Dennoch gewannen westafrikanische Widerstandsbewegungen, die weiterhin und oft mit tödlichen Folgen gewaltsam vom Gouverneur unterdrückt wurden, zunehmend an Einfluss und Stärke. Die Rufe zum Boykott europäischer Waren wurden immer lauter, die Protestmärsche wurden immer länger. Es ging um Freiheit! Bestimmt wurde es gleichzeitig vielen jungen Menschen klar, dass die einzige realistische Möglichkeit, ihren ärmlichen Verhältnissen zu entkommen, darin bestand, eine westliche Bildung zu erwerben. In Accra mussten diejenigen, die weder die nötige Nähe zum Weißsein noch einen hilfreichen Zugang zu generationenübergreifendem Reichtum hatten, hart arbeiten. Und es war kein Geheimnis, dass die am besten bezahlten Karrieren einen höheren Bildungsabschluss voraussetzten. Dies erforderte bestimmt die richtige Kombination aus Verweigerung und Linientreue. Ich glaube ehrlich gesagt nicht, dass deine Eltern die Balance gut hinbekommen haben. Aber wer bin ich, um darüber zu urteilen?

Obwohl deine Mutter Anfang der 1950er Jahre jeden Morgen, bevor sie zur Schule ging, früh aufstehen musste, um Wasser zu holen und den Hof zu fegen, hat sie die mittlere Reife geschafft. Und dein Vater durfte sogar bis zu den »Advanced Levels« seinen Hintern auf die Schulbank drücken. Bis dahin hatte Ghana die Unabhängigkeit oder, wie ich das nenne, die Wiederunabhängigkeit erreicht, dennoch wurde das Bildungssystem noch immer von einem britischen Lehrplan bestimmt. Wusstest du, dass dein Vater bis heute ganze Strophen von Tennysons Gedicht *The Lady of Shalott* auswendig aufsagen kann?

Und erinnerst du dich an das, was deine Mutter dir einst erzählte? Dass sie als Kind wusste, dass ihre eigenen Kinder eines Tages mit strahlend weißen Strümpfen und glänzend schwarzen Schuhen zur Schule laufen würden? Schau, was passiert ist. Nicht nur wurde es dir ermöglicht, als erste Person in der erweiterten Familie einen Universitätsabschluss zu erlangen, sondern du wirst in wenigen Jahren sogar in der Lage sein, deinen Lebensunterhalt ausschließlich mit Schreiben zu bestreiten. Wie unglaublich muss es für deine Eltern sein, deren eigene Mütter nie jemals wirklich lesen oder schreiben gelernt hatten.

Deine Mutter und dein Vater, sie sehen in dir das eingelöste Versprechen, dass durch jahrelange Schichtarbeit und Nebenjobs, durch Sparsamkeit und Verzicht, durch die in Kauf genommene geographische und emotionale Distanz zu ihren Herkunftsfamilien der Erfolg für die nächste Generation kommen würde. Sie arbeiteten so hart daran, die Voraussetzungen für jenen Erfolg zu schaffen, dass sie nicht darüber nachdachten, wie es sich anfühlen würde, wenn er erreicht war.

Du bist nicht das, was deine Eltern in dir sehen. Nicht nur.

Die zweite Sache, die ich dir mitgeben möchte, ist: Bedenke immer, dass du alles bist, was deine Eltern in dir sehen. Und außerdem, dass du Widersprüche lieben lernen wirst. *Sieh dich nicht um.* Deine Eltern kennen dich von deinem ersten Atemzug an. Sie haben maßgeblich dazu beigetragen, dass du zu der Person wurdest, die du heute bist. Du glaubst, du wärst besser als sie? Schlauer? Vollkommener? Du irrst dich. Du *bist* sie. Deswegen lacht dein Vater, wenn du ihm am Telefon von Demokratie und Gleichberechtigung und sozialer Gerechtigkeit erzählst. Du glaubst wohl nicht wirklich daran?, schnaubt er. Die Frage ist immer rhetorisch gemeint. Er meint genau zu wissen, wie du dazu stehst. Du meidest einen weiteren Austausch darüber.

Wie es ihn nerven muss, dass du dich rassismuskritisch engagierst. Vermutlich versucht er sein Leben lang, sein eigenes Nicht-Weißsein zu kaschieren. Zu überwinden. Zu verdrängen. Und dann kommst du und insistierst, nicht nur, dass du Schwarz bist, sondern du schreibst das Wort auch noch groß. In leisen Stunden fragt er sich bestimmt, was dir das denn gebracht hat. Ich wäre überrascht, wenn deine Eltern mit der sogenannten Selbstbezeichnung »People of Color« irgendetwas anfangen könnten. Überhaupt haben sie sich nie zu den ganzen Diskussionen rund um *political correctness* geäußert. Es mag stimmen, dass du eine Außenseiterin bist oder, genauer gesagt, marginalisiert wirst. Sicherlich sind auf Deutsch schreibende Menschen afrikanischer Herkunft in der hiesigen Literaturlandschaft rar. Was nun? Hat es dich etwa vom Schreiben abgehalten? Hat die männliche Dominanz Ingeborg Bachmann vom Dichten abgehalten? Wohl kaum.

Wenn ich jetzt darüber nachdenke, passt es sogar gut, dass du an einem Wettbewerb teilnimmst, der nach jener Frau benannt ist. Wusstest du zum Beispiel, dass Ingeborg Bachmann, nachdem sie es 1958 als Österreicherin gewagt hatte, einen Aufruf gegen die Atombewaffnung der deutschen Bundeswehr zu unterschreiben, in einem offenen Brief angegangen wurde? Ihr wurde von einem Mann namens Hans Weigel geschrieben:

> Aus Deiner Unterschrift geht hervor, dass Dir die strategische Konzeption der bundesdeutschen Regierung nicht passt. In diesem Fall kannst Du ja als Ausländerin die Konsequenzen ziehen und nach Hause fahren (was Dir übrigens auch sonst recht guttäte).

Ein Vorschlag, den du nicht nur einmal in deinem Leben gehört hast. Deine Eltern bestimmt auch nicht. Trotz manch widriger Umstände haben sie dennoch immer höhere Erwartungen gehegt – für sich und für dich, ihre älteste Tochter. Sie ließen sich nicht von der Phantasielosigkeit, um nicht zu sagen Bigotterie, anderer zurückhalten. Sie sind unabhängig voneinander Mitte der 1960er Jahre nach England gezogen, obwohl die Risiken die Chancen sicherlich bei weitem überwogen. 1968 war zum Beispiel das Jahr, in dem der damalige Schatten-Staatssekretär für Verteidigung Enoch Powell seine rassistische und migrationskritische »Ströme von Blut«-Rede in Birmingham gehalten hat.

Und du? Du bist 2006 trotzdem nach Deutschland gezogen, obwohl die Risiken die Chancen bei weitem überwogen. Nur vier Jahre später hat zum Beispiel die damalige Kanzlerin Angela Merkel

»Multikulti« für »absolut gescheitert« erklärt. Also, auch wenn diese Hürden unbezwingbar scheinen, sei versichert:

Du bist alles, was deine Eltern in dir sehen. Und mehr.

Die dritte und letzte Sache, die ich dir erzählen möchte, ist: Schließe Frieden mit Mr. und Mrs. Otoo. Das heißt nicht, dass du dich jetzt gleich nach der Preisverleihung bei ihnen melden musst. Wenn es passt, gut. Aber um Frieden mit ihnen zu schließen, ist es nicht notwendig, dass sie Teil des Prozesses sind. *Schnür deinen Schuh.*

Und schau nicht so. Auch wenn es stimmen sollte, dass sie nie deine Texte, nicht einmal in englischer Übersetzung, lesen werden, auch wenn es stimmen sollte, dass deine Sprache ihnen zu fremd ist; dein kindliches Verlangen nach ihrer Aufmerksamkeit, ihrer Anerkennung wird nie ganz verschwinden. Gesteh dir ein, dass du ihre Unterstützung gerne gehabt hättest. Das muss kein Vorwurf an sie sein. Vielleicht haben sie deine Situation falsch einge-schätzt. Nur weil deine Hürden anders aussahen als ihre.

Bildung wäre ihre Rettung gewesen, dachten sie, und die hast du. Jede Menge. Aber zu welchem Preis?

Traust du dich, an deine Kindheit zu denken?

...

Ich schaue auch ungern zurück, aber ich erinnere mich an eine Sache. Und zwar, dass als Antwort auf die Frage, ob du Klassenkameradinnen besuchen oder mit den Mädels feiern dürftest, deine Mutter deine gesamte Jugend lang immer wieder zischte: »Deine Bücher! Das sind die einzigen Freundinnen, die du brauchst!« Haben deine Eltern für dich wirklich gewollt, dass du regelmäßig mehr Nähe zu (deinen eigenen) literarischen Figuren verspürst als zu ihnen?

Verwirf bitte diese Gedanken. Die Entfremdung kommt nicht von ihnen. *Jag die Hunde zurück.*

Vielleicht passt es sogar sehr gut, dass sie nicht nach Klagenfurt angereist sind. Was wäre gewesen, wenn ihnen dein Text nicht gefallen hätte? Wenn sie ihn mit Hilfe einer Online-Übersetzungswebsite neugierig ins Englische durchgeschüttelt, aber anschließend verdutzt geschaut hätten? Würdest du dich damit auseinandersetzen wollen? Könntest du überhaupt einen Text schreiben, der ihnen – und dir – gefallen würde? Wie würde die Sprache dafür klingen? Welche Vokabeln, welche Buchstaben würdest du brauchen, um das Schweigen zu überwinden und deine Sehnsucht nach Verbundenheit zum Ausdruck zu bringen?

Wirf die Fische ins Meer.
Lösch die Lupinen!

Schließe Frieden mit ihnen. Eines Tages wird es zu spät sein.

*

Wären sie nach Klagenfurt gereist, wären auch die Eltern später am Abend dabei gewesen, als sie alle, ihre Tochter, deren Freundin und Freunde sowie die Enkelkinder, vor dem Fernseher gesessen hätten. Sie hätten alle gejubelt, als der Siegertext des Ingeborg-Bachmann-Wettbewerbs in der Tagesschau verkündet wurde, aber kurz davor wären sie alle bei der Bekanntgabe des Todes von Elie Wiesel betroffen gewesen. Die Eltern hätten still zugehört, als ihnen die Freundin in einer Flüsterübersetzung erzählt hätte, wer dieser große Mann gewesen war. Ihre Tochter hätte auch nicht viel mehr gewusst als das, was in den Nachrichten berichtet wurde, aber wenige Tage danach würde sie sein Buch *Die Nacht* in einem Rutsch lesen, seine Worte würden beim Verfassen der ersten Seiten ihres Debütromans nachhallen.

Und die Eltern wären die ganze Zeit bei ihr. Und sie wären stolz. Sehr.